ECOLE MONTESSORI VILLE MARIE

ECOLE MONTESSORI VILLE MARIE

D1341709

Plantes
et graines

SOMMAIRE

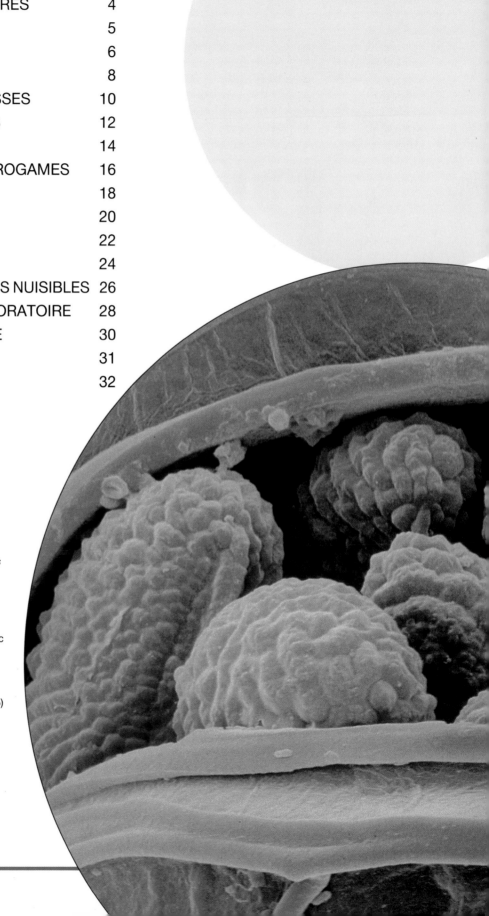

L'édition originale de cet ouvrage
a paru sous le titre : *Plants and Seeds*
Copyright ©
Aladdin Books Limited 1989,
28, Percy Street, London W1
All rights reserved

Adaptation française de Louis Morzac
Copyright © Éditions Gamma,
Tournai, 1990
D/1990/0195/42
ISBN 2-7130-1096-9
(édition originale : ISBN 086313 951 5)

Exclusivité au Canada :
Les Éditions Héritage Inc.,
300, avenue Arran
Saint-Lambert, Qué, J4R 1K5
Dépôts légaux, 3e trimestre 1990.
Bibliothèque nationale du Québec
Bibliothèque nationale du Canada
ISBN 2-7625-6507-3

Imprimé en Belgique

AU MICROSCOPE

Plantes
et graines

John Stidworthy – Louis Morzac

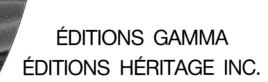

ÉDITIONS GAMMA

ÉDITIONS HÉRITAGE INC.

REGARDER DE PLUS PRÈS

Loupes et microscopes utilisent des lentilles pour dévier les rayons lumineux. Communément, une lentille est un disque bombé, en verre. S'il est convexe, l'objet regardé à travers lui apparaît agrandi. Un microscope comporte plusieurs lentilles ainsi que des dispositifs permettant la mise au point et le choix du grossissement. L'objet à examiner doit être suffisamment petit pour tenir sur la lame de verre porte-objet, posée et maintenue sur la platine de l'appareil. L'objet est éclairé par l'intermédiaire d'un miroir orientable. Les lentilles, situées dans le corps de l'appareil, donnent de l'objet une image fortement agrandie. Le microscope électronique remplace la lumière par un faisceau d'électrons et les lentilles optiques par des lentilles magnétiques.

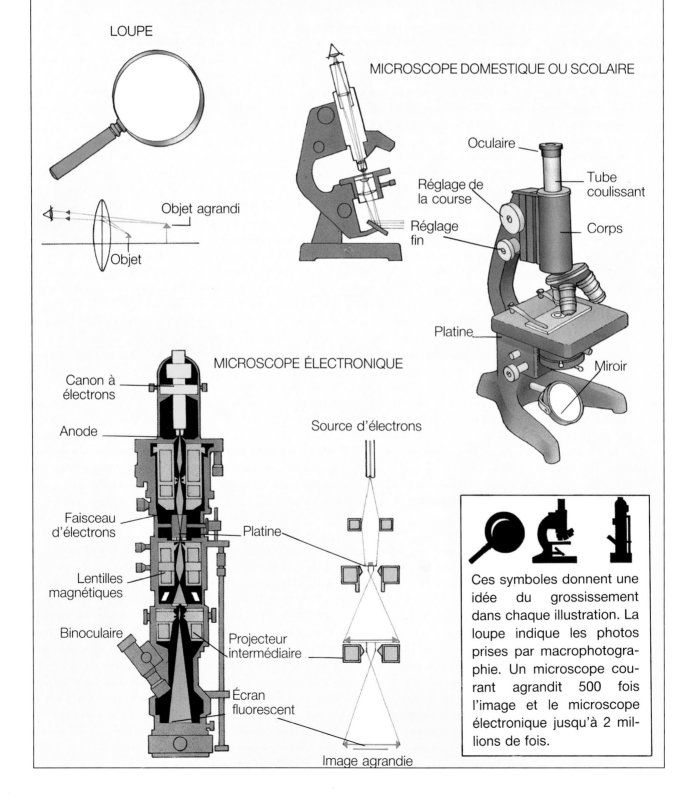

LOUPE

Objet agrandi

Objet

MICROSCOPE DOMESTIQUE OU SCOLAIRE

Oculaire

Réglage de la course

Réglage fin

Tube coulissant

Corps

Platine

Miroir

MICROSCOPE ÉLECTRONIQUE

Canon à électrons

Anode

Faisceau d'électrons

Lentilles magnétiques

Binoculaire

Source d'électrons

Platine

Projecteur intermédiaire

Écran fluorescent

Image agrandie

Ces symboles donnent une idée du grossissement dans chaque illustration. La loupe indique les photos prises par macrophotographie. Un microscope courant agrandit 500 fois l'image et le microscope électronique jusqu'à 2 millions de fois.

INTRODUCTION

Cet ouvrage renferme des photos de plantes prises par photomicrographie ou par macrophotographie. Un symbole accolé à chacune des reproductions indique le procédé utilisé pour réaliser la prise de vue et par conséquent l'ordre de grandeur du grossissement obtenu. Des schémas explicatifs facilitent l'interprétation des images révélées par le microscope. Comme l'organisme humain, les plantes sont constituées d'un grand nombre de cellules. Cet ouvrage passe en revue différents types de plantes et leurs cellules. Vous pourrez ainsi en admirer la beauté et la complexité.

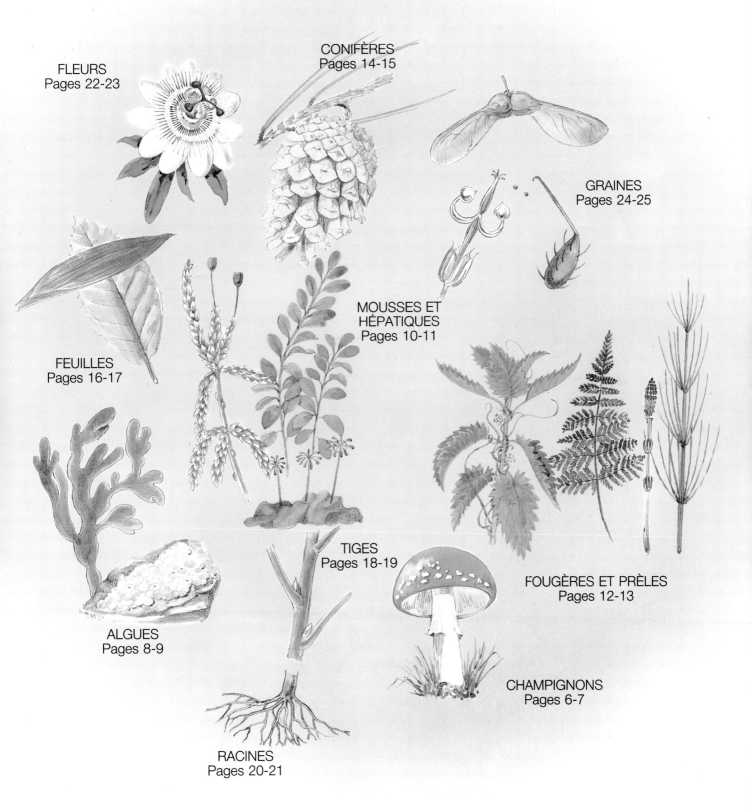

FLEURS
Pages 22-23

CONIFÈRES
Pages 14-15

GRAINES
Pages 24-25

FEUILLES
Pages 16-17

MOUSSES ET
HÉPATIQUES
Pages 10-11

TIGES
Pages 18-19

FOUGÈRES ET PRÈLES
Pages 12-13

ALGUES
Pages 8-9

CHAMPIGNONS
Pages 6-7

RACINES
Pages 20-21

6

CHAMPIGNONS

Les champignons ne contiennent pas de chlorophylle. Ils ne captent donc pas de lumière pour élaborer des éléments nutritifs. En contrepartie, beaucoup d'entre eux vivent en parasites de plantes vertes ou d'animaux. D'autres se nourrissent d'organismes végétaux ou d'animaux morts ou en décomposition. Les levures sont des champignons unicellulaires. La plupart des champignons sont cependant constitués d'un réseau de filaments qui recouvrent ou s'intègrent à leur nourriture. L'enveloppe de ces filaments se compose de chitine, substance résistante constituant également la cuticule des insectes. Les basides libèrent des spores qui s'éparpillent, puis se fixent pour devenir de nouveaux champignons. Elles peuvent être simples (levures) ou assez grandes (agarie champêtre).

Sur la photo de droite, des moisissures, grossies 14 fois, se développent sur un citron trop mûr et s'en nourrissent. À l'extrême droite, de la levure de boulanger photographiée au microscope électronique à balayage (grossissement : 55 fois). On remarque nettement le réseau d'hyphes qui se développe à la surface et dans la profondeur d'un morceau de pain. Les hyphes de la profondeur sont extrêmement fines. Certaines, superficielles, sont saillantes. Elles sont surmontées de corps fructifères, les sporanges. Une fois mûrs, ceux-ci libèrent de nombreuses spores.

Spores

Sporange

Réseau d'hyphes (mycélium)

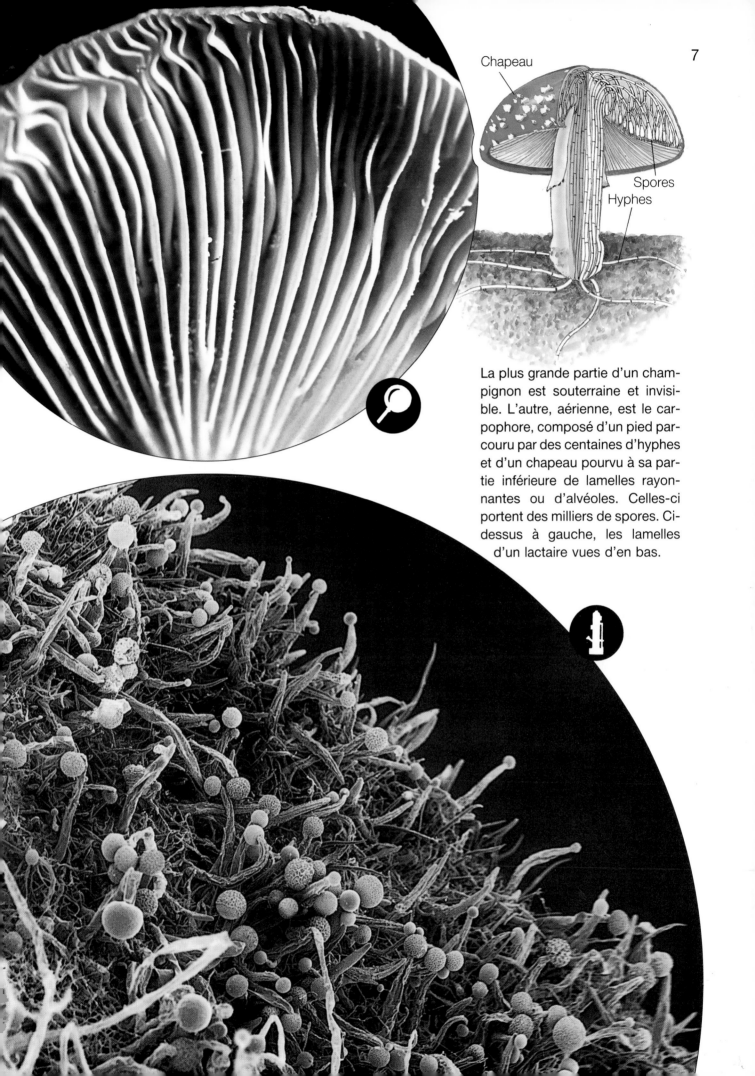

Chapeau

Spores

Hyphes

La plus grande partie d'un champignon est souterraine et invisible. L'autre, aérienne, est le carpophore, composé d'un pied parcouru par des centaines d'hyphes et d'un chapeau pourvu à sa partie inférieure de lamelles rayonnantes ou d'alvéoles. Celles-ci portent des milliers de spores. Ci-dessus à gauche, les lamelles d'un lactaire vues d'en bas.

ALGUES

Les algues sont des plantes simples contenant de la chlorophylle, dépourvues de racines, de tiges et de feuilles. Les plus grandes sont les algues marines géantes, mais de nombreuses espèces sont minuscules. Elles vivent dans l'eau ou les endroits humides. Certaines sont unicellulaires et uniquement visibles au microscope bien que leur présence en quantités énormes soit signalée par la coloration verte de l'eau ou de l'écorce des troncs où elles séjournent. D'autres, comme la spirogyre, se présentent comme des chaînes de cellules identiques qui peuvent constituer une écume verte à la surface de l'eau douce. Quelques algues s'associent à des champignons pour former des lichens. Le champignon abrite l'algue qui, de son côté, lui fournit des éléments nutritifs.

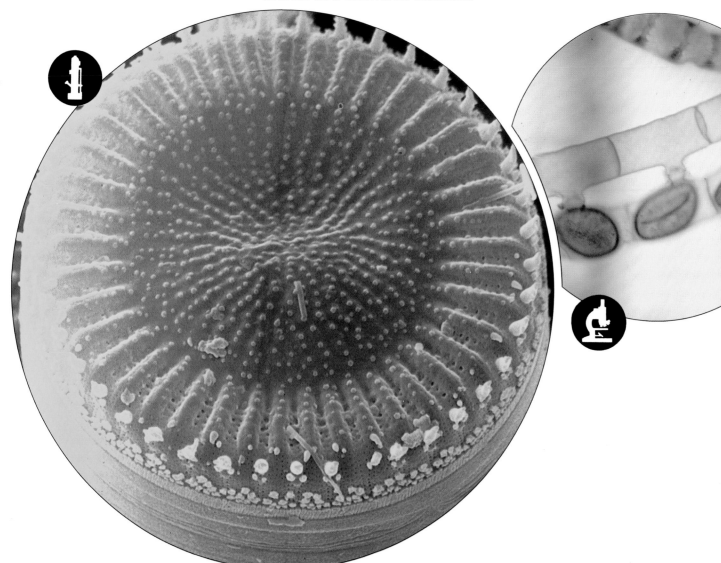

La cyclotella (ci-dessus) est une diatomée, algue unicellulaire constituée d'une membrane en deux parties, entourée d'une coque siliceuse d'un diamètre de 0,05 mm. La spirogyre se présente comme un filament de l'épaisseur d'un cheveu (1/20 mm), long de quelques décimètres. La reproduction débute par la pénétration d'une cellule mâle dans l'enveloppe d'une cellule femelle. Elle se poursuit par la formation de l'œuf ou zygote. Celui-ci mûrit, puis éclot pour former un nouveau thalle de spirogyre.

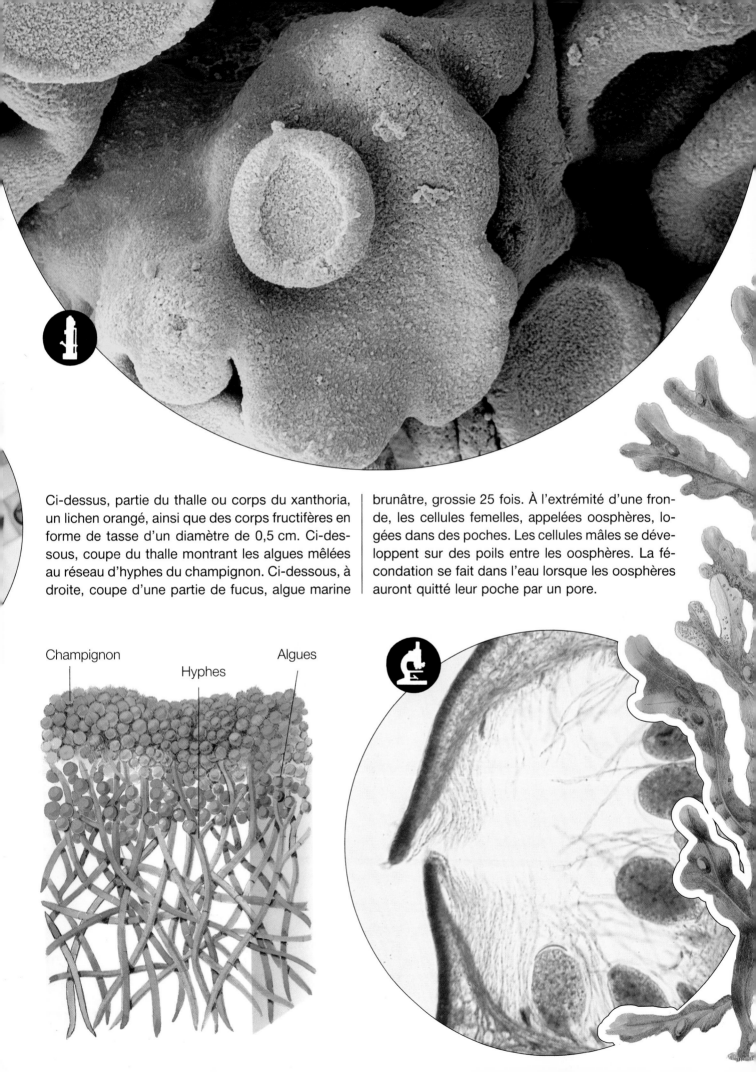

Ci-dessus, partie du thalle ou corps du xanthoria, un lichen orangé, ainsi que des corps fructifères en forme de tasse d'un diamètre de 0,5 cm. Ci-dessous, coupe du thalle montrant les algues mêlées au réseau d'hyphes du champignon. Ci-dessous, à droite, coupe d'une partie de fucus, algue marine brunâtre, grossie 25 fois. À l'extrémité d'une fronde, les cellules femelles, appelées oosphères, logées dans des poches. Les cellules mâles se développent sur des poils entre les oosphères. La fécondation se fait dans l'eau lorsque les oosphères auront quitté leur poche par un pore.

Champignon

Hyphes

Algues

HÉPATIQUES ET MOUSSES

Les hépatiques et les mousses sont des plantes terrestres simples qui abondent dans des endroits humides et ombragés. Le thalle des hépatiques, généralement vert et plane, peut se diviser en lobes. Sa partie inférieure est pourvue de racines simples et fines. Parfois, on peut voir des tiges surmontées d'un sporange. Mais les hépatiques peuvent aussi se reproduire par gemmation. Les mousses paraissent plus complexes que les hépatiques. Des feuilles planes s'embranchent sur leur tige. Leur épaisseur dépasse rarement celle d'une cellule. Les cellules de la tige paraissent semblables, mais une colonne centrale achemine vers le haut l'eau et les matériaux dissous tandis que des cellules latérales distribuent les substances nutritives. On voit des sporanges, souvent à l'extrémité de longues tiges.

L'hépatique marchantia pousse dans les marécages et en serre. Son thalle étendu (au-dessus à gauche) porte souvent des petites coupes qui contiennent des bourgeons discoïdes. Ci-dessus, grossie des centaines de fois, une vue latérale de l'une de ces coupes dont on distingue les cellules.

Le thalle des mousses et des hépatiques porte des structures
mâles et femelles. On voit sur la
photo ci-dessous, aux sommités
d'une mousse funaria, des organes femelles (grossissement: 30
fois). Ce sont les tiges vigoureu-
ses qui portent un peu plus bas
des archégones contenant une
oosphère. Les anthérozoïdes des
organes mâles nagent dans l'eau
de pluie qui imprègne la mousse,
pénètrent dans l'archégone et
l'un d'eux féconde l'oosphère. Ce
zygote se développe dans l'archégone et constitue une
nouvelle plante appe-
lée sporophyte.

Sporange

Couvercle

En haut à droite, des sporanges grandissant sur
une mousse. Ces capsu-
les sont munies d'un
couvercle (voir schéma)
qui finit par sauter lorsque les spores sont mû-
res; l'ouverture qu'il crée
est pourvue d'un double
anneau dentelé (photo
de droite) qui, par temps
sec, permet aux spores
de s'échapper.

FOUGÈRES ET PRÈLES

Les fougères et les prèles sont les premières plantes parmi les végétaux inférieurs à disposer d'un réseau d'acheminement et de répartition d'eau et de substances nutritives en solution. Elles ne sont cependant pas florifères. Leur cycle de reproduction présente de grandes analogies avec celui des mousses et des hépatiques (pages 10 et 11). Leurs frondes sont couvertes de sporanges remplies de spores qui, une fois expulsées, peuvent produire une très petite plante haphoïde, le prothalle; celui-ci élabore des oosphères et des anthérozoïdes qui assurent la fécondation et donnent naissance à un sporophyte nécessitant un sol humide pour s'enraciner et se développer. Des vues rapprochées illustrent ici certains éléments du système reproducteur des fougères et des prèles.

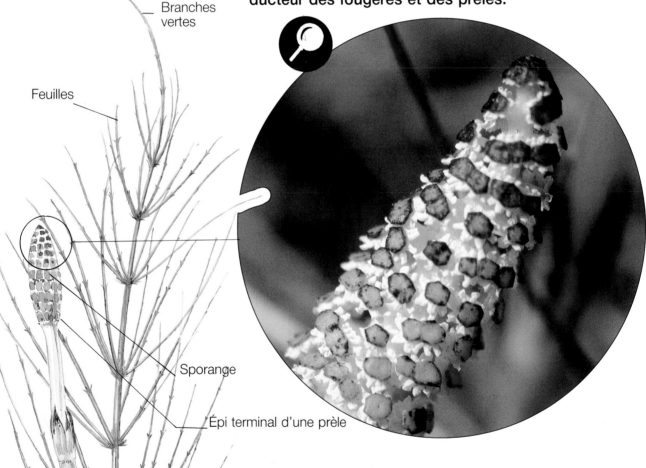

Branches vertes

Feuilles

Sporange

Épi terminal d'une prèle

Les prèles portent des pousses pourvues de feuilles écailleuses et serrées et, à intervalles réguliers, d'anneaux de fines branches. Certaines pousses se terminent par des épis de quelques centimètres de long formant un bouquet de sporanges (schéma ci-dessus à gauche).

Ci-dessus, l'épi terminal d'une prèle commune, l'équisetum arvense. Les épis terminaux de cette plante surmontent des pousses spécifiques d'un brun rosâtre dépourvues d'anneaux de branches vertes. Les spores arrivées à maturité se répandent progressivement au début de l'été. Puis, les pousses porteuses meurent.

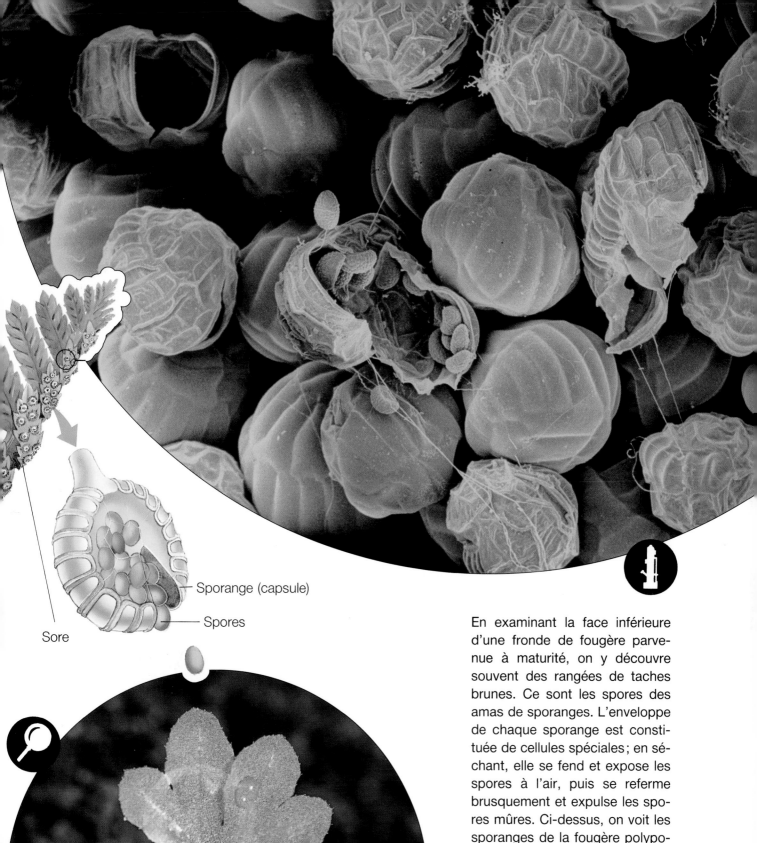

Sporange (capsule)

Spores

Sore

En examinant la face inférieure d'une fronde de fougère parvenue à maturité, on y découvre souvent des rangées de taches brunes. Ce sont les spores des amas de sporanges. L'enveloppe de chaque sporange est constituée de cellules spéciales; en séchant, elle se fend et expose les spores à l'air, puis se referme brusquement et expulse les spores mûres. Ci-dessus, on voit les sporanges de la fougère polypode. Au centre, l'un d'eux a éclaté et l'on voit les spores prêtes à tomber. Une spore survivante devient un prothalle long d'1 cm environ. Les cellules mâles nagent en milieu humide et viennent féconder les cellules femelles. Le nouvel embryon ou sporophyte s'enracine et grandit (photo de gauche).

CONIFÈRES

Les conifères figurent parmi les plus grands arbres. Ils portent des feuilles en forme d'aiguilles et résistent à des climats froids. Leurs racines, leur tronc et leurs branches sont pourvus d'un système complexe de vaisseaux dont le rôle est de conduire à toutes les parties de l'arbre les solutions absorbées et les éléments nutritifs. Les conifères portent des fruits. Les petits cônes mâles produisent de grandes quantités de grains de pollen que le vent emporte et dépose en partie sur les cônes femelles, plus grands, portant les ovules. Il faut environ un an au pollen du pin pour parvenir à l'ovule et le féconder, puis deux ans pour que la graine mûrisse et soit libérée du cône femelle ou pomme de pin.

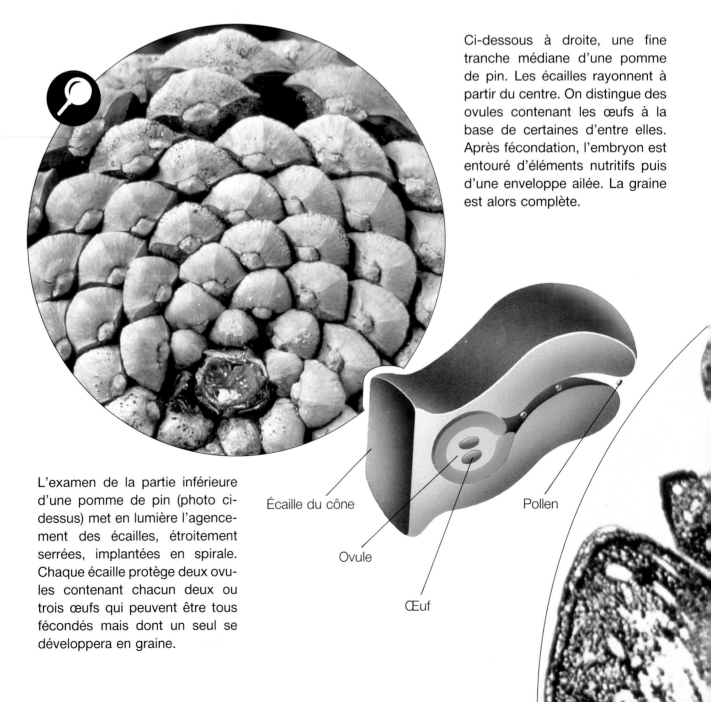

Ci-dessous à droite, une fine tranche médiane d'une pomme de pin. Les écailles rayonnent à partir du centre. On distingue des ovules contenant les œufs à la base de certaines d'entre elles. Après fécondation, l'embryon est entouré d'éléments nutritifs puis d'une enveloppe ailée. La graine est alors complète.

L'examen de la partie inférieure d'une pomme de pin (photo ci-dessus) met en lumière l'agencement des écailles, étroitement serrées, implantées en spirale. Chaque écaille protège deux ovules contenant chacun deux ou trois œufs qui peuvent être tous fécondés mais dont un seul se développera en graine.

Écaille du cône

Ovule

Œuf

Pollen

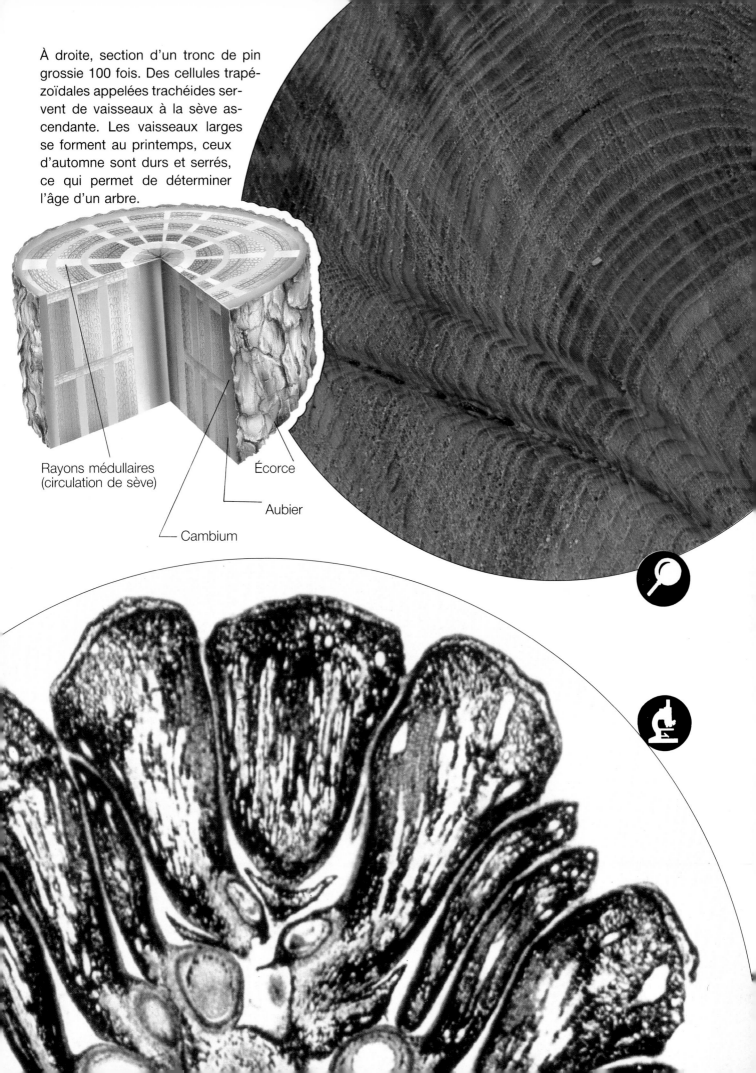

À droite, section d'un tronc de pin grossie 100 fois. Des cellules trapézoïdales appelées trachéides servent de vaisseaux à la sève ascendante. Les vaisseaux larges se forment au printemps, ceux d'automne sont durs et serrés, ce qui permet de déterminer l'âge d'un arbre.

Rayons médullaires
(circulation de sève)

Écorce

Aubier

Cambium

FEUILLES DES PHANÉROGAMES

La feuille d'une plante florifère, ou phanérogame, fournit à la plante des éléments nutritifs ou liber. Sa coloration verte est celle de la chlorophylle qu'elle contient. Celle-ci capte la lumière. Quelques feuilles, comme celles des hêtres pourpres, sont de couleur différente, mais elles renferment l'indispensable chlorophylle. La plupart des feuilles sont planes pour exposer une large surface à la lumière solaire. La structure d'une feuille est formée du limbe constitué de cellules remplies de chloroplastes (parenchyme) et revêtu de deux feuillets: les épidermes. Le parenchyme est en communication avec l'extérieur par des perforations, appelées stomates, qui assurent les échanges d'eau et de gaz. Les stomates sont abondants sous l'épiderme inférieur.

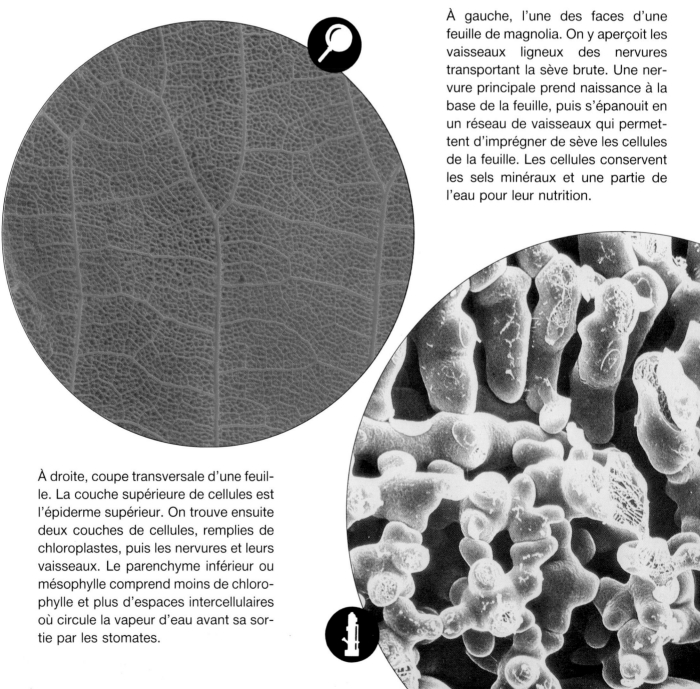

À gauche, l'une des faces d'une feuille de magnolia. On y aperçoit les vaisseaux ligneux des nervures transportant la sève brute. Une nervure principale prend naissance à la base de la feuille, puis s'épanouit en un réseau de vaisseaux qui permettent d'imprégner de sève les cellules de la feuille. Les cellules conservent les sels minéraux et une partie de l'eau pour leur nutrition.

À droite, coupe transversale d'une feuille. La couche supérieure de cellules est l'épiderme supérieur. On trouve ensuite deux couches de cellules, remplies de chloroplastes, puis les nervures et leurs vaisseaux. Le parenchyme inférieur ou mésophylle comprend moins de chlorophylle et plus d'espaces intercellulaires où circule la vapeur d'eau avant sa sortie par les stomates.

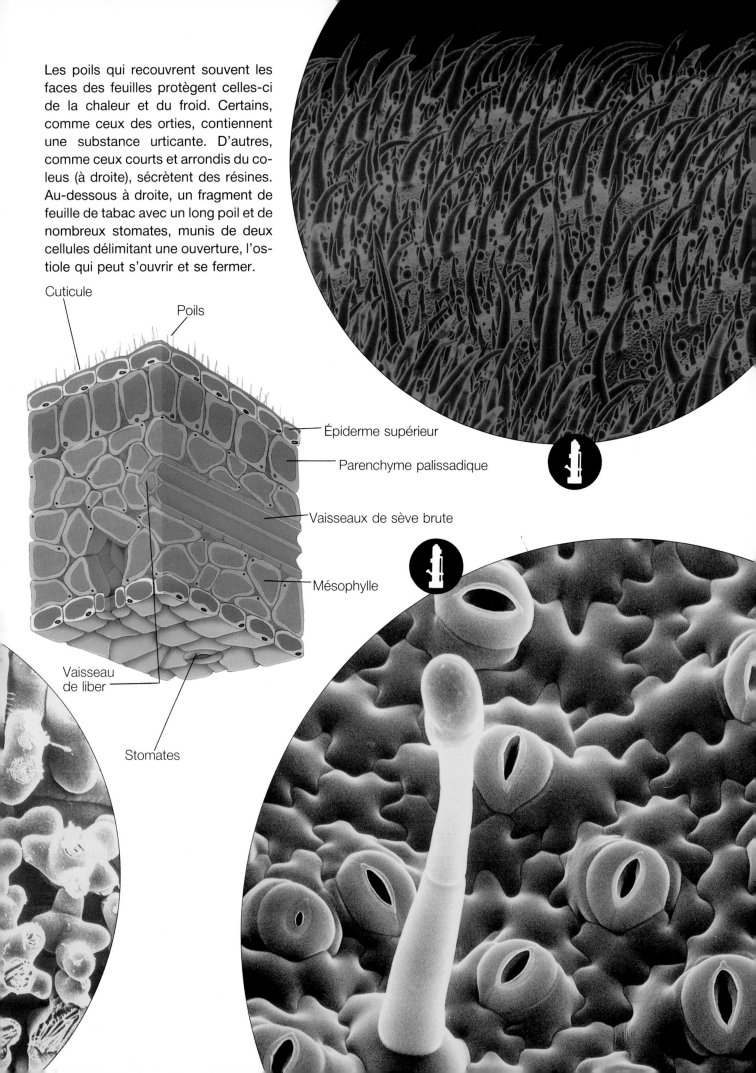

Les poils qui recouvrent souvent les faces des feuilles protègent celles-ci de la chaleur et du froid. Certains, comme ceux des orties, contiennent une substance urticante. D'autres, comme ceux courts et arrondis du co-leus (à droite), sécrètent des résines. Au-dessous à droite, un fragment de feuille de tabac avec un long poil et de nombreux stomates, munis de deux cellules délimitant une ouverture, l'os-tiole qui peut s'ouvrir et se fermer.

Cuticule

Poils

Épiderme supérieur

Parenchyme palissadique

Vaisseaux de sève brute

Mésophylle

Vaisseau de liber

Stomates

TIGES

Les tiges de la plupart des plantes poussent en hauteur vers la lumière. Elles portent des feuilles, peuvent se ramifier ou bourgeonner pour donner naissance à des rejets. Elles peuvent être pourvues de stomates, de poils ou même d'épines. Le rôle de la tige est de porter des feuilles, de les alimenter en sève brute et de les exposer à la lumière nécessaire à l'élaboration du liber par photosynthèse. Les vaisseaux de bois formés de cellules spéciales au cours de la croissance tirent du sol, par les racines, l'eau et les minéraux – sève minérale ou sève brute – et acheminent la solution dans les nervures des feuilles. Les vaisseaux de bois sont groupés en faisceaux à proximité de la périphérie de la tige, dont ils renforcent la structure.

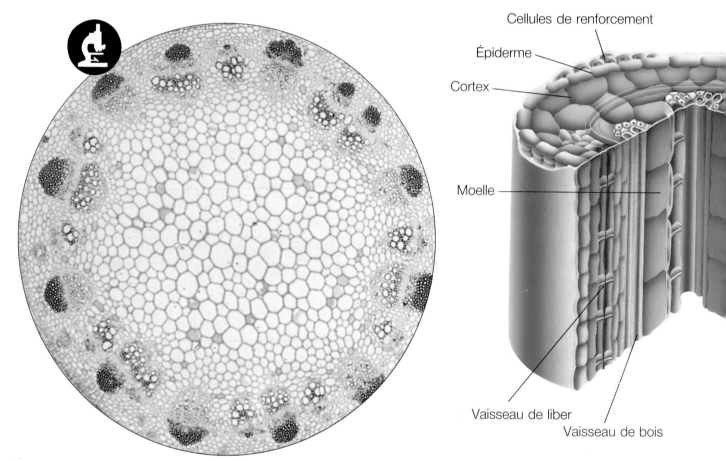

Cellules de renforcement
Épiderme
Cortex
Moelle
Vaisseau de liber
Vaisseau de bois

Ci-dessus, une coupe d'une jeune tige de tournesol. Au centre, les cellules médullaires, assez grandes et espacées, entourées de faisceaux périphériques de cellules plus petites et plus étroitement serrées. Celles-ci sont ceinturées de cellules plus dures formant les vaisseaux de bois qui acheminent la sève brute. Plus près de la périphérie, on trouve les vaisseaux de liber, ou sève élaborée, transportant les éléments nutritifs. Enfin, sous l'épiderme, se trouvent des fibres aux cellules comprenant un petit noyau entouré d'une enveloppe épaisse, qui servent surtout à renforcer la tige. Entre les vaisseaux de sève brute et ceux de liber, une étroite ceinture de cellules en cours de division constitue le cambium qui est l'assise génératrice annulaire des tiges et des racines. Il a pour rôle de renforcer progressivement les enveloppes vasculaires et intervasculaires. Les tiges les plus anciennes sont ligneuses car les vaisseaux de bois en occupent presque tout l'intérieur.

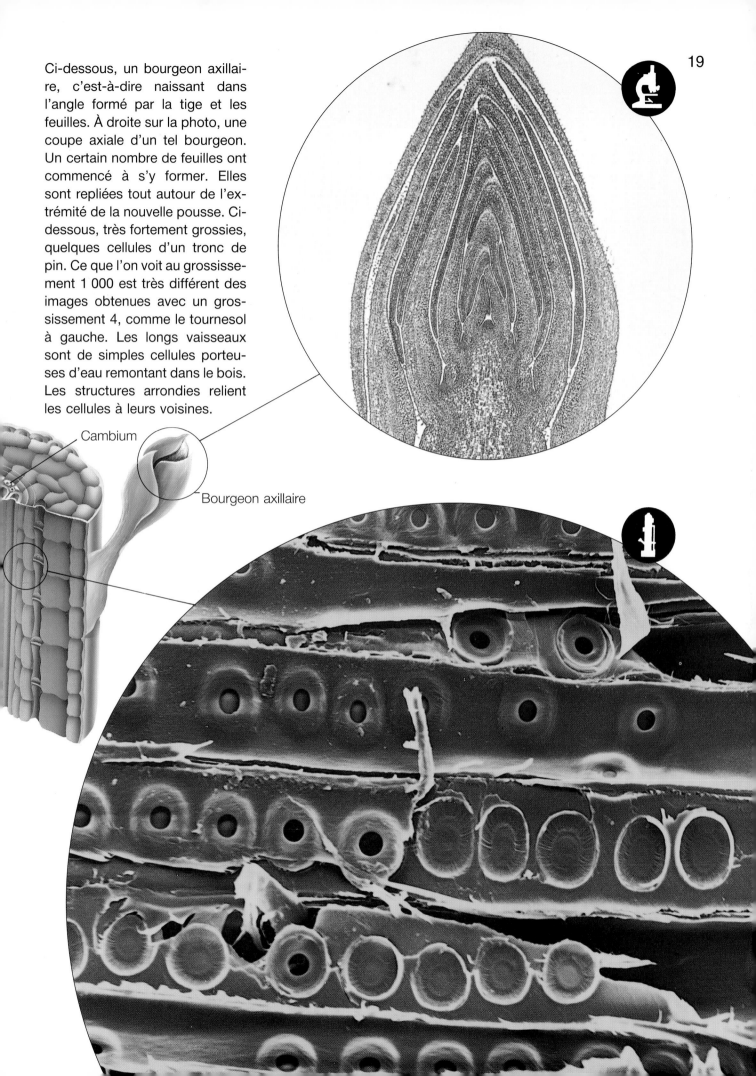

Ci-dessous, un bourgeon axillaire, c'est-à-dire naissant dans l'angle formé par la tige et les feuilles. À droite sur la photo, une coupe axiale d'un tel bourgeon. Un certain nombre de feuilles ont commencé à s'y former. Elles sont repliées tout autour de l'extrémité de la nouvelle pousse. Ci-dessous, très fortement grossies, quelques cellules d'un tronc de pin. Ce que l'on voit au grossissement 1 000 est très différent des images obtenues avec un grossissement 4, comme le tournesol à gauche. Les longs vaisseaux sont de simples cellules porteuses d'eau remontant dans le bois. Les structures arrondies relient les cellules à leurs voisines.

Cambium

Bourgeon axillaire

RACINES

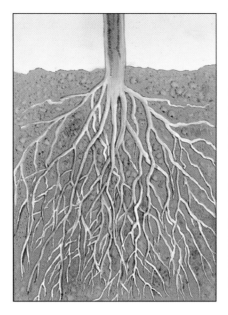

Les racines ancrent la plante dans le sol. Elles sont munies de poils qui absorbent l'eau et les sels minéraux nécessaires à sa vie et à sa croissance. Cette sève brute passe par osmose du sol dans les racines, pénètre dans les vaisseaux de bois qui s'y prolongent et s'élève dans la tige. Des bactéries vivent dans les racines de certaines plantes, en particulier les papilionacées. Elles peuvent transformer l'azote de l'air en molécules nutritives assimilables par la plante. La multiplication des bactéries à l'intérieur des racines donne naissance à des nodules comme celui que l'on peut voir sur la racine de pois (diamètre : 3 mm - photographie de droite).

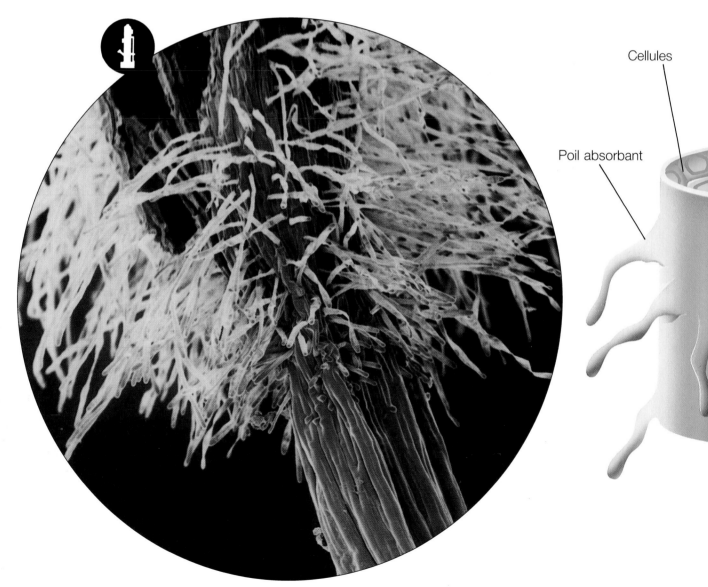

Cellules

Poil absorbant

On distingue ici l'enchevêtrement de poils absorbants recouvrant une racine (grossissement : 100). La plupart des plantes peuvent absorber toute l'eau dont elles ont besoin en n'utilisant qu'une faible proportion de ces poils. Mais comme l'eau peut être inégalement répartie dans le sol, un bon réseau n'est pas superflu. De nouveaux poils poussent constamment près des extrémités.

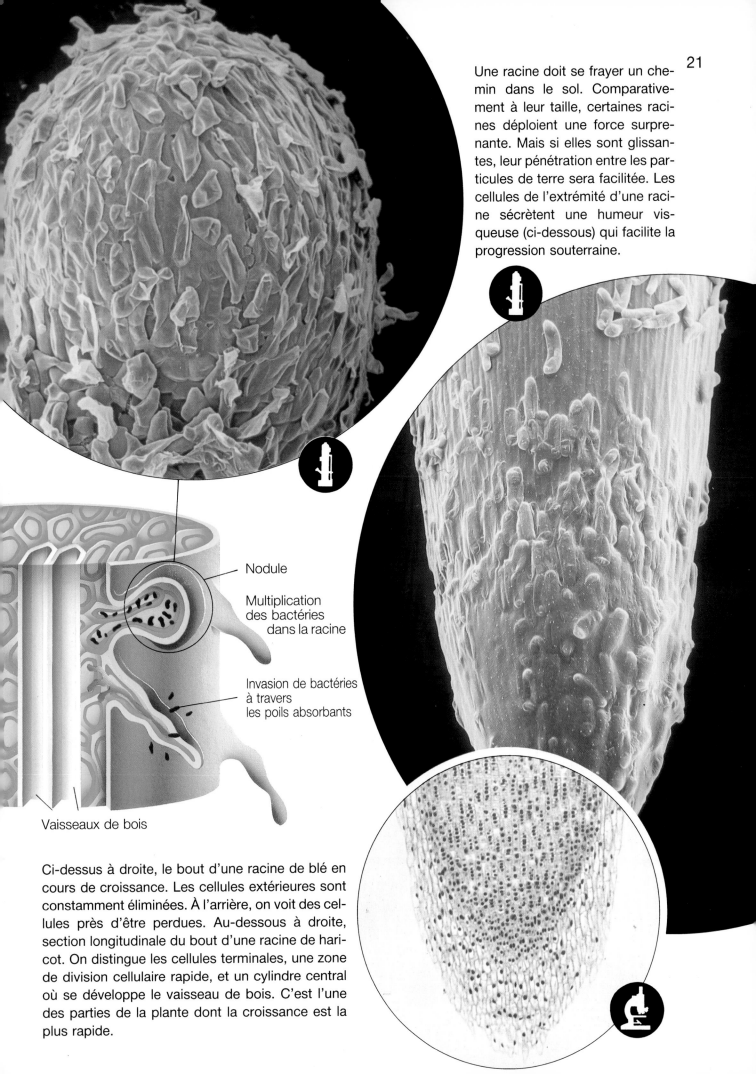

Une racine doit se frayer un chemin dans le sol. Comparativement à leur taille, certaines racines déploient une force surprenante. Mais si elles sont glissantes, leur pénétration entre les particules de terre sera facilitée. Les cellules de l'extrémité d'une racine sécrètent une humeur visqueuse (ci-dessous) qui facilite la progression souterraine.

Nodule

Multiplication des bactéries dans la racine

Invasion de bactéries à travers les poils absorbants

Vaisseaux de bois

Ci-dessus à droite, le bout d'une racine de blé en cours de croissance. Les cellules extérieures sont constamment éliminées. À l'arrière, on voit des cellules près d'être perdues. Au-dessous à droite, section longitudinale du bout d'une racine de haricot. On distingue les cellules terminales, une zone de division cellulaire rapide, et un cylindre central où se développe le vaisseau de bois. C'est l'une des parties de la plante dont la croissance est la plus rapide.

FLEURS

Les fleurs sont les parties des plantes phanérogames qui portent les organes reproducteurs. Beaucoup sont jolies, colorées, ornées de pétales brillants. Elles sont souvent odoriférantes. Cependant, leur attrait, tout en charmant l'homme, est conçu pour s'exercer sur les insectes qui transportent le pollen d'une fleur à l'autre, tout comme le vent pour certaines espèces. Les grains de pollen, ou microspores, formés sur les organes mâles ou étamines se déposent sur les stigmates, parties externes des organes femelles des fleurs, généralement planes, parfois portées par un style. Les stigmates peuvent être munis de poils ou de glandes destinés à retenir le pollen.

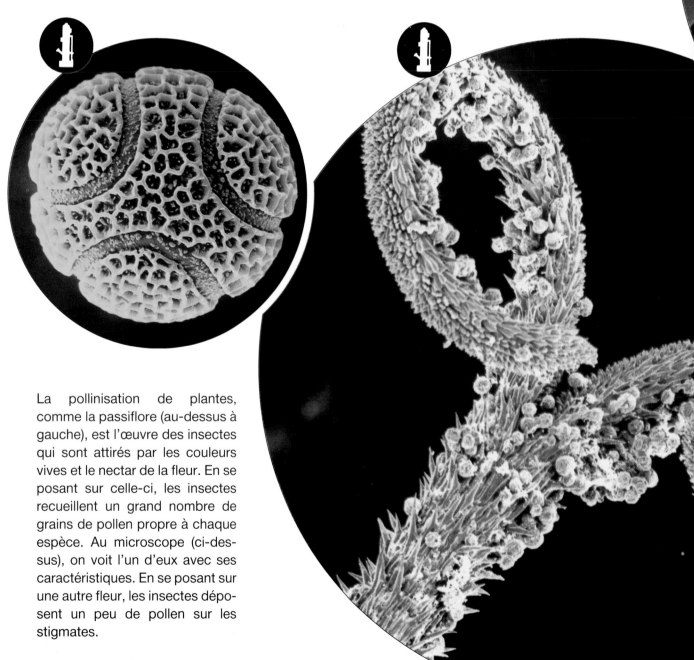

La pollinisation de plantes, comme la passiflore (au-dessus à gauche), est l'œuvre des insectes qui sont attirés par les couleurs vives et le nectar de la fleur. En se posant sur celle-ci, les insectes recueillent un grand nombre de grains de pollen propre à chaque espèce. Au microscope (ci-dessus), on voit l'un d'eux avec ses caractéristiques. En se posant sur une autre fleur, les insectes déposent un peu de pollen sur les stigmates.

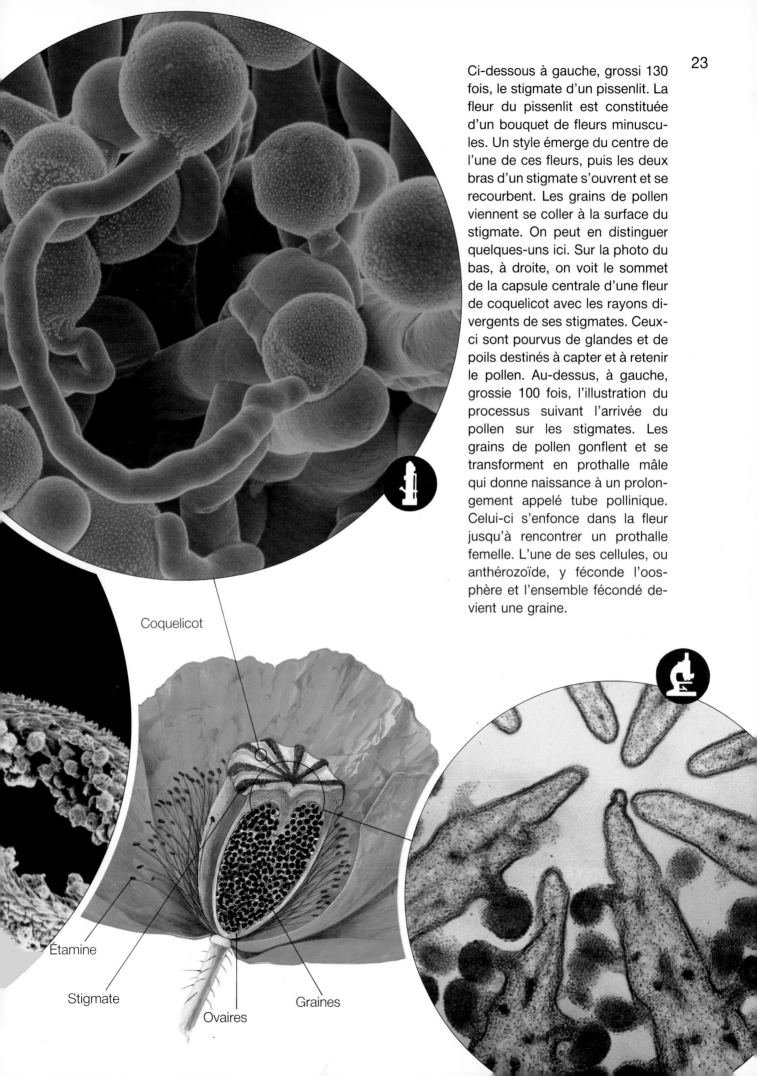

Ci-dessous à gauche, grossi 130 fois, le stigmate d'un pissenlit. La fleur du pissenlit est constituée d'un bouquet de fleurs minuscules. Un style émerge du centre de l'une de ces fleurs, puis les deux bras d'un stigmate s'ouvrent et se recourbent. Les grains de pollen viennent se coller à la surface du stigmate. On peut en distinguer quelques-uns ici. Sur la photo du bas, à droite, on voit le sommet de la capsule centrale d'une fleur de coquelicot avec les rayons divergents de ses stigmates. Ceux-ci sont pourvus de glandes et de poils destinés à capter et à retenir le pollen. Au-dessus, à gauche, grossie 100 fois, l'illustration du processus suivant l'arrivée du pollen sur les stigmates. Les grains de pollen gonflent et se transforment en prothalle mâle qui donne naissance à un prolongement appelé tube pollinique. Celui-ci s'enfonce dans la fleur jusqu'à rencontrer un prothalle femelle. L'une de ses cellules, ou anthérozoïde, y féconde l'oosphère et l'ensemble fécondé devient une graine.

Coquelicot

Étamine

Stigmate

Ovaires

Graines

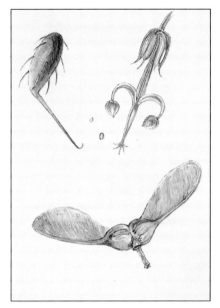

GRAINES

La graine contient l'embryon d'une nouvelle plante ainsi que des réserves nutritives peu importantes dans une petite graine, mais considérables dans un haricot ou une noix. On peut distinguer dans une graine les premiers éléments de la racine (radicelle) et de la tige (plumule), ainsi que les cotylédons, des feuilles ou lobes séminaux. Généralement au nombre de deux chez les phanérogames, ils sont uniques notamment dans les graminacées. Réserves nutritives de l'embryon, les cotylédons occupent la plus grande partie du volume interne de la graine. Les graines font souvent partie d'un fruit, structure produite par un ovaire parvenu à maturité. Des fruits, comme le gland, n'ont qu'une graine. D'autres, comme la tomate, en renferment des dizaines.

La ketmie porte un fruit comestible étroit, long de 10 cm, le nafé. À gauche, une coupe de ce fruit, avec ses graines ordonnées autour d'un noyau central et son enveloppe pulpeuse. Les réserves nutritives de la graine contiennent une forte proportion d'huile.

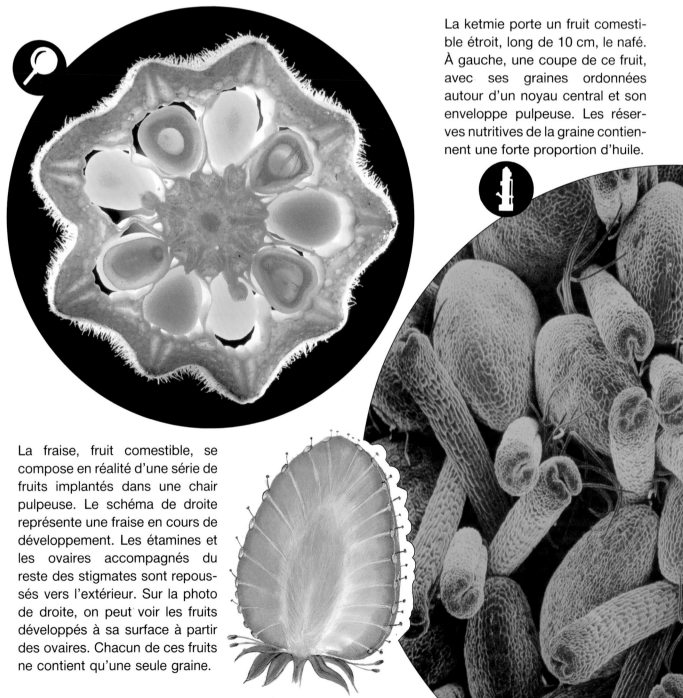

La fraise, fruit comestible, se compose en réalité d'une série de fruits implantés dans une chair pulpeuse. Le schéma de droite représente une fraise en cours de développement. Les étamines et les ovaires accompagnés du reste des stigmates sont repoussés vers l'extérieur. Sur la photo de droite, on peut voir les fruits développés à sa surface à partir des ovaires. Chacun de ces fruits ne contient qu'une seule graine.

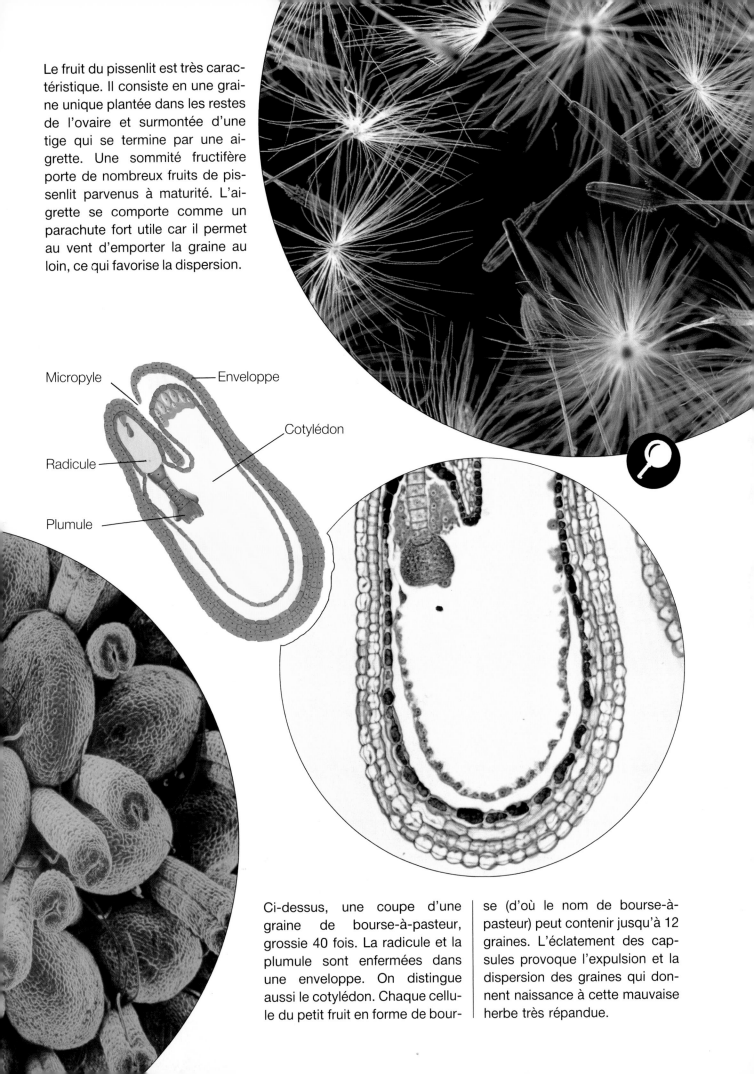

Le fruit du pissenlit est très caractéristique. Il consiste en une graine unique plantée dans les restes de l'ovaire et surmontée d'une tige qui se termine par une aigrette. Une sommité fructifère porte de nombreux fruits de pissenlit parvenus à maturité. L'aigrette se comporte comme un parachute fort utile car il permet au vent d'emporter la graine au loin, ce qui favorise la dispersion.

Micropyle — Enveloppe

Cotylédon

Radicule

Plumule

Ci-dessus, une coupe d'une graine de bourse-à-pasteur, grossie 40 fois. La radicule et la plumule sont enfermées dans une enveloppe. On distingue aussi le cotylédon. Chaque cellule du petit fruit en forme de bour- se (d'où le nom de bourse-à-pasteur) peut contenir jusqu'à 12 graines. L'éclatement des capsules provoque l'expulsion et la dispersion des graines qui donnent naissance à cette mauvaise herbe très répandue.

PARASITES ET INSECTES NUISIBLES

Les plantes sont exposées aux maladies d'origine bactérienne, virale ou mycosique. Elles peuvent aussi être dévorées par des animaux, en particulier les insectes. Certains de ceux-ci contribuent à la transmission de maladies d'une plante à l'autre. Les pucerons répandent de nombreuses maladies d'origine virale, telles que la dégénérescence des plantes de pommes de terre, en suçant la sève d'une plante et en passant à la suivante. Des champignons sont à l'origine de maladies, comme le mildiou ou la rouille et de la destruction des semis trop humidifiés. Certains ne s'attaquent qu'à une partie de la plante. D'autres s'infiltrent à travers leur hôte. Certains phanérogames sont des parasites. Le gui, par exemple, s'implante dans un arbre comme le pommier et en tire sa nourriture.

On voit ci-dessous un épi de froment affecté par le fusarium, une des nombreuses moisissures qui s'attaquent aux céréales ou provoquent le dépérissement de plantes potagères comme les pois et les haricots. Le champignon s'élabore dans un sol où l'on cultive chaque année le même type de plante.

La cuscute est une herbacée sans chlorophylle. Elle est pourvue d'une racine lorsqu'elle germe pour la première fois. Mais ses pousses s'enroulent et grandissent autour d'autres plantes sur lesquelles elles se fixent, implantent des suçoirs qui se développent dans la tige de l'hôte et en tirent les substances nutritives nécessaires à leur croissance, tandis que ses racines devenues inutiles se dessèchent et disparaissent. La cuscute est florifère, mais ses feuilles sont réduites à de petites écailles. Sur la photo ci-dessus, une coupe de tige d'ortie et de cuscute (rosée). Les suçoirs ont pénétré l'ortie.

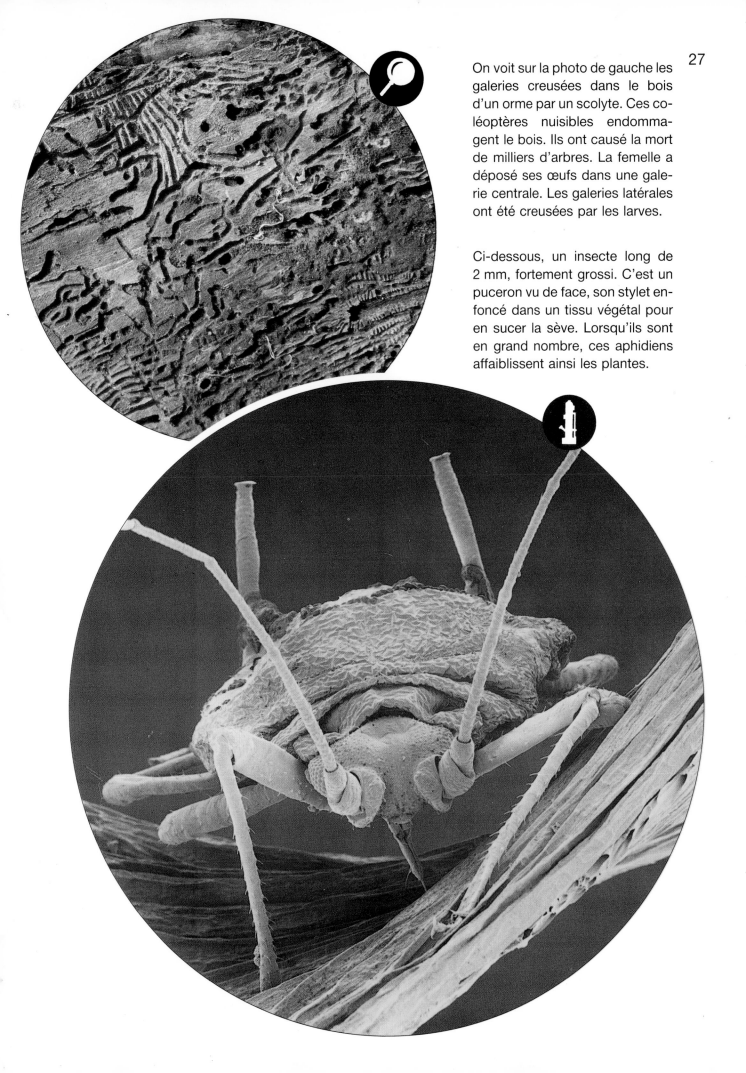

On voit sur la photo de gauche les galeries creusées dans le bois d'un orme par un scolyte. Ces coléoptères nuisibles endommagent le bois. Ils ont causé la mort de milliers d'arbres. La femelle a déposé ses œufs dans une galerie centrale. Les galeries latérales ont été creusées par les larves.

Ci-dessous, un insecte long de 2 mm, fortement grossi. C'est un puceron vu de face, son stylet enfoncé dans un tissu végétal pour en sucer la sève. Lorsqu'ils sont en grand nombre, ces aphidiens affaiblissent ainsi les plantes.

EXPÉRIENCES DE LABORATOIRE

Avec une simple loupe, vous pouvez soulever une bonne partie du voile qui vous cache les détails de la nature. Mais si vous disposez d'un microscope courant, vous en découvrirez davantage. Tout ce que vous voulez examiner doit être déposé sur une lame de verre et être translucide; vous découpez éventuellement des lamelles de plantes. Vous avez besoin dans ce cas de teintures spéciales pour colorer votre spécimen et permettre à votre œil d'opérer une distinction entre les cellules. Cette méthode est décrite ci-dessous. Si vous tentez une expérience compliquée, il est conseillé de vous faire aider par un adulte expérimenté, peut-être à l'école. Certains fournisseurs peuvent vous livrer, à des prix modérés, des préparations de très bonne qualité.

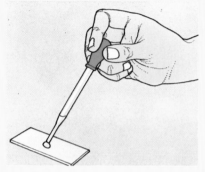

Pour préparer le spécimen, mêlez les cellules à examiner à un peu d'eau pure et déposez une goutte du mélange sur la lame de verre.

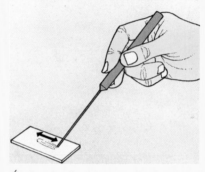

Étalez le liquide sur la lame au moyen d'une boucle de fer préalablement stérilisée à la flamme.

Ajoutez une gouttelette de teinture aux cellules et attendez quelques minutes.

Rincez le colorant à l'eau ou à l'alcool. Utilisez un autre colorant si vous souhaitez obtenir des contrastes.

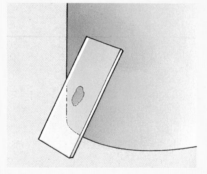

Laissez sécher la lame, éventuellement en chauffant le verre au-dessus d'une flamme.

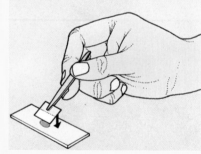

Déposez une lamelle de verre sur la préparation pour la protéger.

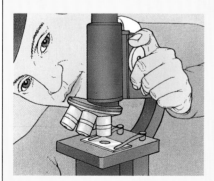

Déposez la lame sur la platine, fixez-la au moyen des deux valets et orientez le miroir pour optimiser l'éclairage.

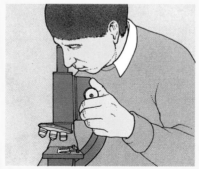

Sélectionnez l'objectif et procédez à la mise au point en déplaçant le corps de l'instrument par rapport à la platine et en commençant par le grossissement le plus faible.

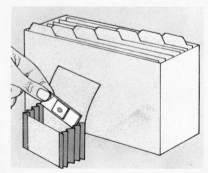

Conservez vos préparations dans un classeur en carton que vous pouvez fabriquer vous-même.

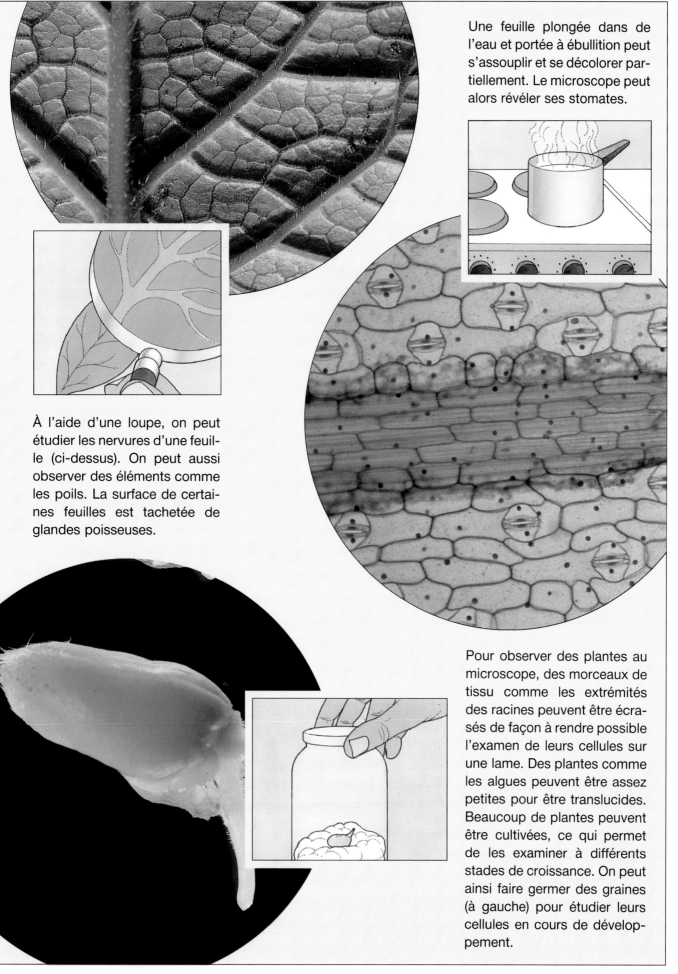

Une feuille plongée dans de l'eau et portée à ébullition peut s'assouplir et se décolorer partiellement. Le microscope peut alors révéler ses stomates.

À l'aide d'une loupe, on peut étudier les nervures d'une feuille (ci-dessus). On peut aussi observer des éléments comme les poils. La surface de certaines feuilles est tachetée de glandes poisseuses.

Pour observer des plantes au microscope, des morceaux de tissu comme les extrémités des racines peuvent être écrasés de façon à rendre possible l'examen de leurs cellules sur une lame. Des plantes comme les algues peuvent être assez petites pour être translucides. Beaucoup de plantes peuvent être cultivées, ce qui permet de les examiner à différents stades de croissance. On peut ainsi faire germer des graines (à gauche) pour étudier leurs cellules en cours de développement.

PHOTOMICROGRAPHIE

Certaines photos illustrant cet ouvrage sont des macrophotographies ou photos très rapprochées de petits objets donnant une image plus grande que nature. Elles ont été réalisées au moyen d'un appareil de photo muni d'un «macro-objectif» qui grossit le sujet à la manière d'une loupe. D'autres photos, comme la coupe d'une tige de tournesol, page 18, ont été prises en fixant un appareil photographique à l'oculaire d'un microscope de laboratoire. Ce sont des photomicrographies. Leurs couleurs sont souvent artificielles. Si vous disposez d'un microscope, vous pouvez prendre des photomicrographies. Vous avez besoin d'un appareil reflex à un objectif et d'un raccord spécial. De nombreuses illustrations présentées ici ont été réalisées au moyen de microscopes à balayage électronique.

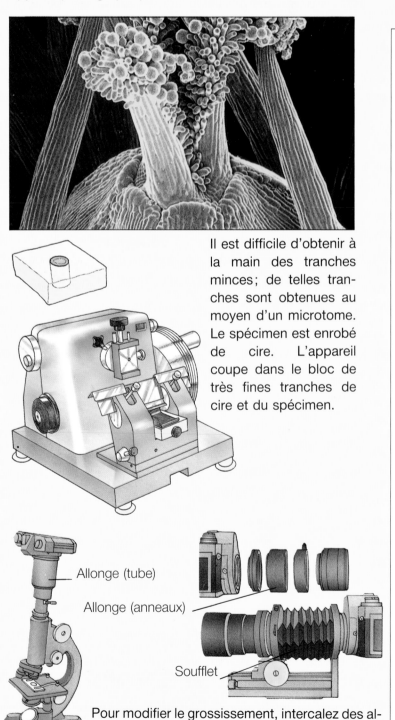

Il est difficile d'obtenir à la main des tranches minces; de telles tranches sont obtenues au moyen d'un microtome. Le spécimen est enrobé de cire. L'appareil coupe dans le bloc de très fines tranches de cire et du spécimen.

Allonge (tube)

Allonge (anneaux)

Soufflet

Pour modifier le grossissement, intercalez des allonges ou un soufflet entre l'appareil et l'objectif.

Les microscopes électroniques sont de deux types. Dans l'un, dit par transparence, un faisceau d'électrons traverse une très fine tranche de la préparation et l'image apparaît sur un écran. Dans l'autre, qui est à balayage électronique (SEM), un mince faisceau d'électrons balaie la surface du spécimen. Les images ponctuelles sont réfléchies, assemblées et projetées sur un écran. Le SEM permet d'obtenir des images tridimensionnelles très réalistes. Les tissus ne sont plus vivants car la préparation a tué leurs cellules. Les couleurs des photos réalisées au moyen d'un SEM sont artificielles et ne servent qu'à permettre d'opérer des distinctions entre les cellules.

GLOSSAIRE

anhydride carbonique: gaz appelé aussi gaz carbonique, bioxyde de carbone ou dioxyde de carbone. Formule chimique: CO_2.

anthérozoïde: cellule reproductrice mâle des végétaux, équivalente au spermatozoïde des animaux.

archégone: organe des végétaux inférieurs comprenant l'oosphère (femelle) (Mousses et fougères).

bactérie: organisme unicellulaire sans chlorophylle, à noyau sans membrane nucléaire.

baside: organe ovoïde se développant sur les lamelles du chapeau d'un champignon (tel que l'agarie champêtre) et produisant quatre spores.

cambium: assise génératrice annulaire des tiges et des racines, qui donne naissance au bois et au liber secondaires (cambium interne) et au liège (cambium externe).

cellule: petite masse de matière organisée comportant essentiellement du cytoplasme, une membrane et un noyau.

cytoplasme: substance très complexe, riche en eau, qui forme la plus grande partie des cellules.

diploïde: état d'une cellule ou d'un organisme dont le noyau contient deux jeux complets de chromosomes.

fronde: feuille très découpée des plantes acotylédones (fougère, par exemple) ou thalle aplati en lame de certaines algues.

gamète: cellule reproductrice mâle ou femelle (spermatozoïde ou anthérozoïde; ovule ou oosphère).

gemmation: développement de bourgeons.

haphoïde: état d'une cellule ou d'un organisme dont le noyau constitue un jeu unique de chromosomes.

hyphe: filament dépourvu de chlorophylle, constitutif du mycélium des champignons supérieurs.

microspore: spore destinée à produire un gamétophyte à gamètes mâles.

osmose: passage de l'eau à travers une membrane semi-imperméable, du milieu le moins concentré vers le milieu le plus concentré.

style: partie allongée du pistil (et du carpelle) entre l'ovaire et le (ou les) stigmate(s).

zygote: cellule formée par la fécondation du gamète femelle (ovule ou oosphère) par le gamète mâle (spermatozoïde ou anthérozoïde).

POIDS ET MESURES

mm = millimètre; 10 mm = 1 cm
cm = centimètre; 100 cm = 1 m
m = mètre; 1000 m = 1 km
km = kilomètre

g = gramme; 1000 g = 1 kg
kg = kilogramme
0,1 = 1/10
0,01 = 1/100
0,001 = 1/1000

INDEX

Origine des photographies:
Couverture et pages 6, 8 (à gauche), 9 (en haut), 13 (en haut), 14, 15 (les deux), 16 (en bas), 17 (les deux), 25 (en haut) et 29 (au milieu et en bas): Science Photo Library;
pages 7 (les deux), 8 (à droite), 9 (en bas), 10, 10-11, 11 (complètement), 12, 13 (en bas), 16 (à gauche) 18, 19 (les deux), 21 (en bas), 22 (à droite), 25 (en bas), 26 (les deux), 27 (les deux), 29 (en haut) et 30: Biophoto Associates.